BEI GRIN MACHT SICH IHR WISSEN BEZAHLT

- Wir veröffentlichen Ihre Hausarbeit,
  Bachelor- und Masterarbeit

- Ihr eigenes eBook und Buch -
  weltweit in allen wichtigen Shops

- Verdienen Sie an jedem Verkauf

Jetzt bei www.GRIN.com hochladen
und kostenlos publizieren

Anonym

Lage des allgemeinen Massenmittelpunktes und Segmentmassen des Körpers

GRIN Verlag

Bibliografische Information der Deutschen Nationalbibliothek:

Die Deutsche Bibliothek verzeichnet diese Publikation in der Deutschen National-
bibliografie; detaillierte bibliografische Daten sind im Internet über http://dnb.d-
nb.de/ abrufbar.

Impressum:

Copyright © 2010 GRIN Verlag GmbH
Druck und Bindung: Books on Demand GmbH, Norderstedt Germany
ISBN: 978-3-656-33956-4

Dieses Buch bei GRIN:

http://www.grin.com/de/e-book/206715/lage-des-allgemeinen-massenmittelpunktes-
und-segmentmassen-des-koerpers

GRIN - Your knowledge has value

Der GRIN Verlag publiziert seit 1998 wissenschaftliche Arbeiten von Studenten, Hochschullehrern und anderen Akademikern als eBook und gedrucktes Buch. Die Verlagswebsite www.grin.com ist die ideale Plattform zur Veröffentlichung von Hausarbeiten, Abschlussarbeiten, wissenschaftlichen Aufsätzen, Dissertationen und Fachbüchern.

Besuchen Sie uns im Internet:

http://www.grin.com/

http://www.facebook.com/grincom

http://www.twitter.com/grin_com

Deutsche Sporthochschule Köln
SUL 2 – Biomechanische Grundlagen und Methoden
SS 2010

Lage des allgemeinen Massenmittelpunktes

und Segmentmassen des Körpers

Fachsemester: 2
Studiengang: Bachelor Sport und Leistung
Abgabedatum: 14.09.2010

1

Inhaltsverzeichnis

1. Einleitung

Die vorliegende Hausarbeit beschäftigt sich mit der Lage des allgemeinen Massenmittelpunktes und den einzelnen Segmentmassen des Körpers.

Dabei soll zunächst am Beispiel des Weitsprungs die biomechanische Bedeutung des Körperschwerpunktes im Sport verdeutlicht werden.

Als erstes ist es notwendig den Körperschwerpunkt allgemein zu erklären, um ihn im nächsten Schritt analytisch bestimmen zu können.

Nachdem die Vorrausetzungen für die Bestimmung des Körperschwerpunktes erläutert werden, folgt die Betrachtung der relativen Lage der Schwerpunkte einzelner Körperteile und ihrer Segmentmassen.

Danach gilt es die Schwerpunkthöhen verschiedener Personengruppen miteinander zu vergleichen.

Abschließend werden die Ergebnisse der vorliegenden Arbeit zusammengefasst.

2. Der Körperschwerpunkt im Weitsprung

Der folgende Abschnitt zeigt die Bedeutung des Köperschwerpunktes und der Teilkörpersegmente bei einer biomechanischen Analyse des Hangsprunges. (siehe Abb.1.)

Der Körperschwerpunkt bildet zunächst die Voraussetzung für eine biomechanische Analyse, auf die eine qualitative Bewegungsanalyse zur Bewegungskorrektur folgt.[1]

Bei der Technikanalyse des Weitsprungs zur Identifikation der leistungsbestimmenden Merkmale, die eine größere Weite ermöglichen, fällt neben der Einflussgröße der Anlaufgeschwindigkeit vor allem die Lage des Körperschwerpunktes auf.

Auf einen zyklischen Anlauf, bei der die Lage des Körperschwerpunktes unverändert bleibt, folgt ein Absenken des Schwerpunktes während der Vorbereitungsphase, um den Beschleunigungsweg zu verlängern. Im Rahmen der Techniksteuerung werden die Teilkörpersegmente mit Schwung nach oben gebracht. In der Hauptphase steigt der Körperschwerpunkt nach oben und fällt daraufhin unter die Abflughöhe des Springers.[2]

---

[1] Siehe Henzler, Christian. Eine biomechanische Analyse von Taekwandobewegungen. Norderstedt 2006. S.29 ff.
[2] Siehe Wick, Ditmar. Biomechanische Grundlagen sportlicher Bewegungen. Balingen 2005. S.157 ff.

Nach dem Absprung kann die Flugbahn des Körperschwerpunktes nicht mehr beeinflusst werden. Somit ist der Punkt der Landung bereits durch die Flugbahn des Springers bestimmt. Jedoch kann in dieser Phase die Bahn der Körperteilschwerpunkte verändert werden. Im Rahmen der Technikoptimierung werden während der Landeflugphase die Arme gesenkt, wozu es zu einem Drehrückstoß kommt und sich so der Oberkörper den unteren Extremitäten annähert. Durch diese hangsprungtypische Klappbewegung kann der erste Kontakt mit dem Boden verzögert, und somit die Weitsprungweite vergrößert werden.[3]

Abb.1.: Hangsprung, eingeteilt in seine Phasen.

3. Der Körperschwerpunkt allgemein

Am einfachsten lässt sich der Körperschwerpunkt als Punkt vorstellen, auf dem der Körper im Gleichgewicht balanciert werden kann.[4]

Dies meint, dass an diesem Punkt die Gewichtskraft FG (Masse*Beschleunigung) senkrecht nach unten zieht.[5]

Die Lage des Körperschwerpunktes kann jedoch beispielsweise durch eine Bewegung oder durch eine veränderte Körperhaltung variieren. Deshalb ist der Körperschwerpunkt kein fester Punkt und kann sich innerhalb oder auch außerhalb des Körpers befinden.[6]

Somit ist er lediglich ein idealler Punkt. Dagegen sind die Durchstoßpunkte der Gelenkachsen bzw. Gelenkpunkte, sowie Körperoberflächenpunkte, reelle Punkte.[7]

[3] Siehe Müller, Rainer. Klassische Mechanik: Vom Weitsprung zum Marsflug. Berlin 2009. S.44 ff.
[4] Siehe Winter, David. Biomechanics and motor control of human movement. New Jersey 2009. S.85
[5] Siehe Henzler, Christian. Eine biomechanische Analyse von Taekwandobewegungen. Norderstedt 2006. S.30
[6] Siehe Grimshaw. Burden. Biomechanics: sport and exercise. New York 2006. S.184
[7] Siehe Brüggemann, Gert-Peter. Grundlagen der Biomechanik des muskulo- skelettalen Systems: Material zur Vorlesung. Köln 2005. S.10

Folglich ist die Lage des Schwerpunktes im menschlichen Körper abhängig von der Lage der einzelnen Körpersegmente zueinander und den Masseproportionen der Körperteile des Individuums.

Bei einem starren physikalischen Körper mit homogener Masseverteilung befindet sich der Schwerpunkt dagegen im Zentrum.[8]

Speziell anhand der Geschichte der Hochsprungtechnik des Flops lässt sich die Bedeutung der unterschiedlichen Positionen des Körperschwerpunktes verdeutlichen. Durch die Lage der Teilkörpersegmente zueinander verändert sich auch die Lage des Schwerpunktes zur Hochsprunglatte. Aufgrund einer weniger effektiven Technik, beispielsweise dem Schersprung, muss der Körperschwerpunkt durch den Absprung viel höher steigen, da der Springer sonst die Latte nicht überqueren könnte. Durch die optimale Körperhaltung des Flops kann der Körperschwerpunkt jedoch sogar unterhalb der zu überquerenden Latte liegen. Das macht es möglich eine größere Höhe zu überwinden. (siehe Abb.2)

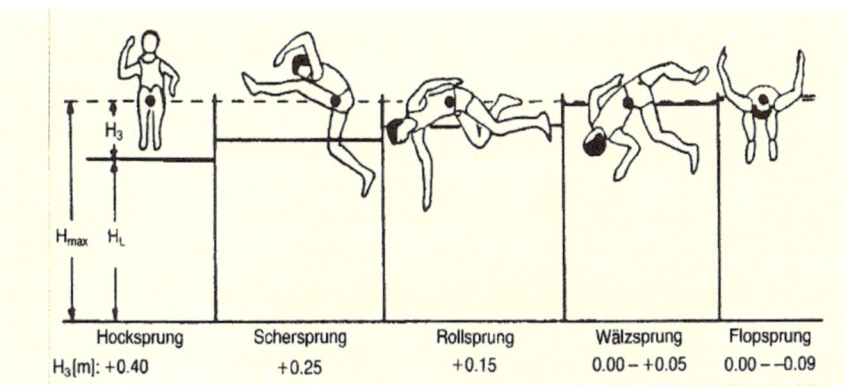

	Hocksprung	Schersprung	Rollsprung	Wälzsprung	Flopsprung
H_3[m]:	+0.40	+0.25	+0.15	0.00 – +0.05	0.00 – –0.09

Abb.2.: Verschiedene technische Lösungen zur Bewältigung der Bewegungsaufgaben, über eine möglichst hohe Latte zu springen. H_3 gibt die Höhe des Körperschwerpunktes über der Latte im Moment der Lattenüberquerung an.

---

[8] Siehe Wollny, Rainer. Sportwissenschaft studieren: Bewegungswissenschaft: Ein Lehrbuch in 12 Lektionen. Aachen 2007. S.292

4. Bestimmung des Körperschwerpunktes

Der folgende Abschnitt beschäftigt sich mit der Bestimmung des Körperschwerpunktes. Dabei soll zunächst an einem einfachen Beispiel gezeigt werden, wann ein Körper im Gleichgewicht liegt, um dann eine analytische Bestimmung eines Körperschwerpunktes in einem x-y-Koordinatensystem durchführen zu können.

Voraussetzungen zur Bestimmung des Schwerpunktes sind die Massen der einzelnen Körperteile, da diesen unterschiedliche Proportionen und Masseverteilungen zu Grunde liegen. Auch die Lage der Teilkörperschwerpunkte muss demnach bekannt sein, sowie die Lage der Körperteile zueinander, da sich der Körperschwerpunkt je nach Körperhaltung an einer anderen Stelle befindet. Die Lage der Teilschwerpunkte und die Masseverteilung der Teilsegmente werden zu einem späteren Zeitpunkt der Arbeit wieder aufgegriffen und näher erklärt.

4.1. Gleichgewicht

Der Körperschwerpunkt ist der Punkt, an dem gilt, dass die Summe aller durch die Gewichtskräfte der einzelnen Körpersegmente erzeugten Drehmomente gleich null ist.[9]
Das heißt, dass sich der Körper in Ruhe und im Gleichgewicht befindet. Dies ist an einem einfachen Beispiel zu verdeutlichen. Auf zwei gegenüberliegenden Seiten wirkt jeweils eine Gewichtskraft senkrecht nach unten (F_1 und F_2). Entgegen F_1 und F_2 wirkt eine Kraft F senkrecht nach oben. Auf dem Punkt an dem F entgegen wirkt, liegt der Körper im Gleichgewicht, wenn $F_1 + F_2 + F = 0$.
Der Abstand von F_1 zum Punkt an dem F wirkt, wird mit r_1 bezeichnet. Das Produkt aus F_1 und r_1 wird als M_1 bezeichnet. Damit sich ein Körper im Gleichgewicht befinden kann, muss die Summe aus M_1 und M_2 gleich Null betragen. Es gilt also:
$$M_1 = F_1 * r_1, \quad M_2 = F_2 * r_2; \quad M_1 + M_2 = 0$$
Im Beispiel ist r_1 nur halb so groß wie r_2. Damit sich der Körper im Gleichgewicht befinden kann, muss die Gewichtkraft F_1 doppelt so groß sein wie F_2.[10] (siehe Abb.3.)
Im Beispiel Abb.2. gilt also: $F_1 = 2 F_2$, $2 r_1 = r_2$

---

[9] Siehe Brüggemann, Gert-Peter. Grundlagen der Biomechanik des muskulo- skelettalen Systems: Material zur Vorlesung. Köln 2005. S.10
[10] Ebd. S.28

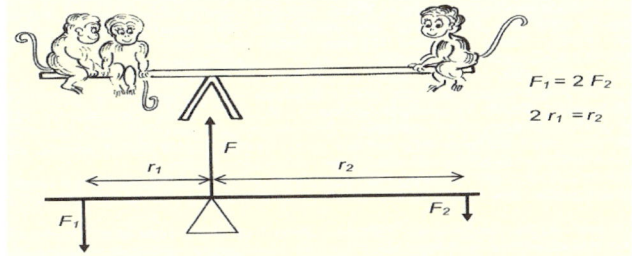

$F_1 = 2\,F_2$

$2\,r_1 = r_2$

Abb.3.: Gleichgewicht. Die Summe der Kräfte und Momente ist Null.

4.2. Analytische Bestimmung des Körperschwerpunktes

Um jedoch die die Position des Schwerpunktes des menschlichen Körpers bestimmen zu können, werden die relativen Massen der einzelnen Körperteile, der Lage ihrer Segmentschwerpunkte und ihre Lage zueinander benötigt.

Die Ermittlung der relativen Masse der Köperteile und der Lage ihrer Schwerpunkte werden zu einem späteren Zeitpunkt der Arbeit noch einmal aufgegriffen.

Aus drei Teilkörperschwerpunkten eines starren Körpers wird der Gesamtkörperschwerpunkt in einem x-y-Koordinatensystem bestimmt. Zunächst müssen vereinfacht drei Körpersegmente mit ihren Schwerpunkten angenommen werden. Rumpf und Kopf bilden das Körpersegment 1, Arme und Hände 2 und letztlich Beine mit den Oberschenkel, Unterschenkeln und Füßen das Teilsegment 3.

Für die Summe aller Massen wird m = 1 angenommen. Aus den relativen Massen des Gesamtkörpers können wir für $m_1 = 0,55$; für $m_2 = 0,12$ und für $m_3 = 0,33$ annehmen.

Im zweiachsigen Koordinatensystem lassen sich die jeweiligen x- und die y-Koordinaten des Teilkörperschwerpunktes ablesen.

Aus Abb.3.ergeben sich so folgende Koordinaten:

$x_1 = 48$ cm, $y_1 = 105$ cm; $x_2 = 95$ cm, $y_2 = 108$ cm; $x_3 = 30$ cm, $y_3 = 48$ cm

Wie zuvor am Beispiel beschrieben ist M = F * r und die Summe Null aus allen M beschreibt den Schwerpunkt. Da wir für F = m = 1 annehmen und für r sich die Koordinaten ablesen lassen, ergibt sich folgende Berechnung zur Lage des Gesamtkörperschwerpunktes.

Für die x-Koordinate gilt:

$m_1 * x_1 + m_2 * x_2 + m_3 * x_3$

$0,55 * 48$ cm $+ 0,12 * 95$ cm $+ 0,33 * 30$ cm $= 47,7$ cm

Für die y-Koordinate gilt:

$m_1 * y_1 + m_2 * y_2 + m_3 * y_3 = 86,55$ cm

Somit ergibt sich für die Lage des Gesamtschwerpunktes (KSP) folgende Koordinate (47,7/86,55).[11] (siehe Abb.4.)

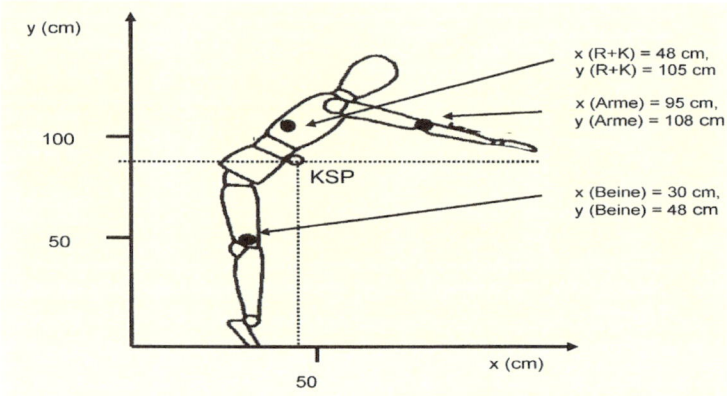

Abb.4.: Ebene Darstellung eines aus drei Segmenten bestehenden Körpers im x-y-Koordinatensystem.

5. Relative Lage der Segmentschwerpunkte

Ein Faktor, um die Lage des Gesamtkörperschwerpunktes bestimmen zu können, ist, wie bereits erläutert, die Lage der einzelnen Segmentschwerpunkte.

Zunächst wurden Untersuchungen an Leichen oder Leichenteilen durchgeführt, um diese zu bestimmen. Später wurden ebenfalls Untersuchungen an lebenden Objekten und an mathematischen Modellen möglich, die zu noch genaueren Ergebnissen führten.[12]

Die Position der Segmentschwerpunkte der Körperteile wird durch seine Entfernung zum proximalen Ende beschrieben. Die Gesamtlänge des Körperteils wird durch L und die Entfernung des Schwerpunktes zum proximalen Segmentende wird durch K gekennzeichnet. K ist in Prozent der Gesamtlänge L des Körperteils angegeben. (siehe Abb.5.)

Am Beispiel des Fußes ist zu sehen, dass sich sein Schwerpunkt genau in der Mitte, also bei 50% der Gesamtlänge vom proximalen Ende aus, befindet. Demnach würde der Schwerpunkt eines Fußes mit einer Länge von 28 cm (deutsche Schuhgröße 43) nach 14 cm vom

---

[11] Ebd. S.41,42
[12] Ebd. S.38 ff.

proximalen Ende aus liegen. Die Schwerunkte der Arme oder Beine dagegen sind mehr proximal gelegen, was durch ihre Formen und Proportionen zu erklären ist.

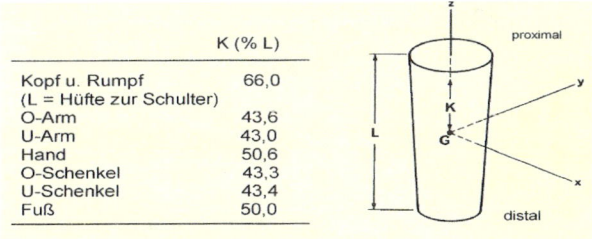

K (% L)	
Kopf u. Rumpf	66,0
(L = Hüfte zur Schulter)	
O-Arm	43,6
U-Arm	43,0
Hand	50,6
O-Schenkel	43,3
U-Schenkel	43,4
Fuß	50,0

Abb.5.: Relative Lage der Segmentschwerpunkte

6. Segmentmassen

Neben der Lage der Segmentschwerpunkt müssen, wie im Beispiel 4.2. gesehen, ebenfalls die Segmentmassen bekannt sein.

Nach Untersuchungen an lebenden Objekten mit Hilfe des Gamma Scan Verfahrens, konnten folgende Werte ermittelt werden. Es handelt sich dabei um Mittelwerte und die relativen Segmentmassen sind in Prozent der Gesamtkörpermasse angegeben. (siehe Abb.6.)

Untersuchungen zu geschlechtsspezifische Unterschieden wurden jedoch nur spärlich durchgeführt.[13]

Die Segmentmassen lassen sich in Hauptsegmente grob zusammenfassen, um eine Errechnung der Lage des Körperschwerpunktes, wie wir bei der analytischen Bestimmung bereits gesehen haben, zu vereinfachen. (siehe Abb.7.)

So bilden schon Rumpf und Kopf zusammen 55,0% des gesamten Körpergewichts.

Am aktuellen Beispiel eines Schwergewichtsboxers, wie Vitali Klitschko, ergibt sich so eine Segmentmasse für Kopf und Rumpf von ca. 62 kg, bei einem Gesamtkörpergewicht von 113 kg.[14]

Jedoch muss dabei beachtet werden, dass sich solche Masseverteilungen je nach Segmentproportionen des Individuums verschieben können. Je nach Training und physischer Belastung folgt eine entsprechende Adaptation des Körpers, der für eine Verschiebung sorgt.

Bei einer Fechterin kann es durch sportspezifisches Training zu einer Vergrößerung der

---

[13] Ebd. S.38 ff.
[14] Siehe http://www.klitschko.com/deu/das-kampfgewicht-aus-stuttgart-steht-fest.html. 10.09.2010. 19.00Uhr

Muskelmasse an den Beinen kommen, was beispielsweise eine andere Masseverteilung als bei einer Studentin zur Folge hat. (siehe Abb.8.)

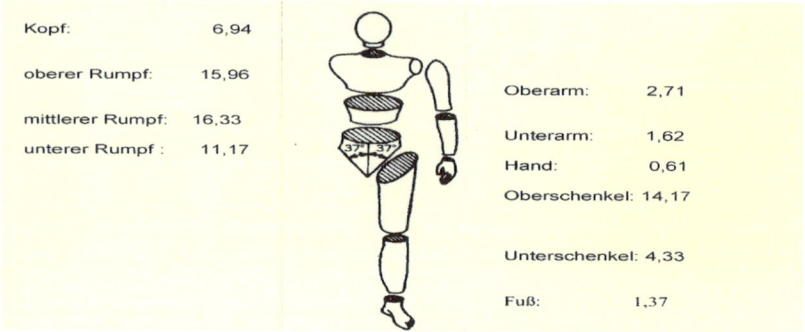

Kopf:	6,94			
oberer Rumpf:	15,96		Oberarm:	2,71
mittlerer Rumpf:	16,33		Unterarm:	1,62
unterer Rumpf :	11,17		Hand:	0,61
			Oberschenkel:	14,17
			Unterschenkel:	4,33
			Fuß:	1,37

Abb.6.: Relative Segmentmassen in % der Gesamtkörpermasse

Kopf	7,0 %	Rumpf + Kopf: 55,0 %
Rumpf	48,0 %	
Arm	6,0 %	beide Arme: 12,0 %
Bein	16,5 %	beide Beine: 33,0 %

Abb.7.: Zusammenfassung der Hauptsegmente in % der Gesamtkörpermasse

Autor Anzahl	Studen- tinnen (Bernstein 1947) 76	Tänzer- innen 76	Turner- innen (Kjeldsen 1972) 6	Schwimmer- innen (Zatsiorsky 1972) 9	Fechter- innen 6
Rumpf+Kopf	-	54,0	52,3	48,8	46,3
Ober-Arme	5,2	6,0	5,8	5,6	6,5
Unter-Arme	3,6	3,1	2,9	2,8	3,1
Hände	1,1	1,0	1,0	1,0	1,1
Arme	9,7	10,1	9,7	9,4	10,7
Ober-Schenkel	25,6	23,0	24,3	29,4	31,0
Unter-Schenkel	9,7	10,5	11,0	9,6	9,6
Füße	2,6	2,4	2,7	2,8	2,4
Beine	37,9	35,9	38,0	41,8	43,0

Abb.8.: Relative Segmentmasse in % der Gesamtkörpermasse von Frauen

10

7. Relative Schwerpunkthöhe

Wie bereits anhand der Segmentmassen beschrieben wurde, können sich die Masseverteilungen der Teilsegmente verschieben und somit auch die Lage des Gesamtkörperschwerpunktes.

Im Allgemeinen liegt der Schwerpunkt von Frauen 0,5 bis 2% niedriger als bei Männern, was durch eine breitere Hüfte und Ausprägung der unteren Extremitäten zu erklären ist. Bei Kleinkindern liegt der Schwerpunkt aufgrund des großen Kopfes 10 bis 15% höher als beim erwachsenen Menschen. Durch das Wachstum verschiebt sich dieses Verhältnis mit fortschreitendem Lebensalter bis zum fünften Lebensjahr hin zur Schwerpunkthöhe eines Erwachsenen und bleibt dann unverändert.[15] Fußballer und andere Sportler mit einer extremen Hypertrophie der Beine dagegen haben einen tiefer gelegenen Körperschwerpunkt. Festzustellen ist also, dass je nach Konstitution des Einzelnen es zu extremen Unterschieden bei der Lage des Schwerpunktes im Stand kommen kann.[16]

Die absolute Körperschwerpunkthöhe von Ruderern beispielsweise liegt im Stand ca. 6 cm höher als bei Nichtsportlern. Im Verhältnis zur Körpergröße liegt der relative Schwerpunkt von Fußballern dagegen 0,47 % unterhalb des Schwerpunktes eines Nichtsportlers. (siehe Abb.9.)

	cm	% Körperhöhe	Unterschied zu Nichtsportlern
Nichtsportler	99,04 ± 4,1	56,54 ± 1,1	
Eisschnelllauf	99,40 ± 1,4	55,86 ± 8,6	-0,68
Fußball	99,30 ± 3,7	56,10 ± 9,2	-0,47
Sprint	98,60 ± 3,1	56,01 ± 3,0	-0,53
Rudern	104,60 ± 2,6	56,90 ± 8,1	+0,36

Abb.9.: Absolute und relative Schwerpunkthöhe bei Sportlern und Nichtsportlern im Stand.

---

[15] Siehe Zatsiorsky, Vladimir. Kinetics of human motion. USA 2002. S.288 ff.
[16] Siehe Brüggemann, Gert-Peter. Grundlagen der Biomechanik des muskulo- skelettalen Systems: Material zur Vorlesung. Köln 2005. S.44

8. Fazit

Die Lage des Körperschwerpunktes ist abhängig von der Lage der Körpersegmente und ihrer Massen. Dabei kann sich jedoch die Lage des Schwerpunktes durch verschiedene Masseverteilungen und Körperhaltungen verschieben.

Die analytische oder experimentelle Bestimmung des Körperschwerpunktes ist Voraussetzung für eine biomechanische Analyse, um so beispielsweise mit Hilfe einer Videoanalyse eine Technikoptimierung zu erreichen.[17]

---

[17] Ebd. S.43

9. Literaturverzeichnis

- Brüggemann, Gert-Peter. Grundlagen der Biomechanik des muskulo- skelettalen Systems: Material zur Vorlesung. Köln 2005
- Grimshaw. Burden. Biomechanics: sport and exercise. New York 2006
- Henzler, Christian. Eine biomechanische Analyse von Taekwandobewegungen. Norderstedt 2006
- Müller, Rainer. Klassische Mechanik: Vom Weitsprung zum Marsflug. Berlin 2009
- Wick, Ditmar. Biomechanische Grundlagen sportlicher Bewegungen. Balingen 2005
- Winter, David. Biomechanics and motor control of human movement. New Jersey 2009
- Wollny, Rainer. Sportwissenschaft studieren: Bewegungswissenschaft: Ein Lehrbuch in 12 Lektionen. Aachen 2007
- Zatsiorsky, Vladimir. Kinetics of human motion. USA 2002

10. Internetquellen

- http://www.klitschko.com/deu/das-kampfgewicht-aus-stuttgart-steht-fest.html . 10.09.2010. 19.00Uhr

11. Abbildungsverzeichnis

- Abb.1.: http://www.sportunterricht.de/lksport/hang1.gif . 11.09.2010. 20.30Uhr
- Abb.2.: Brüggemann, Gert-Peter. Grundlagen der Biomechanik des muskulo-skelcttalen Systems: Material zur Vorlesung. Köln 2005. S.8
- Abb.3.: Ebd. S.28
- Abb.4.: Ebd. S.42
- Abb.5.: Ebd. S.41
- Abb.6.: Ebd. S.39
- Abb.7.: Ebd. S.40
- Abb.8.: Ebd. S.40
- Abb.9.: Ebd. S.43